# 商周十供

## TEN SACRIFICIAL BRONZES OF SHANG AND ZHOU DYNASTIES

郭思克　主编

齊魯書社
QILU PRESS

U0784763

**图书在版编目（CIP）数据**

商周十供 / 郭思克主编. -- 济南 : 齐鲁书社, 2024. 9. -- ISBN 978-7-5333-4991-2

Ⅰ. K876.414

中国国家版本馆CIP数据核字第2024WK1912号

主　　编　郭思克
副 主 编　孔维亮
执行主编　侯新建

项目统筹　王　路
责任编辑　孔　帅
摄　　影　侯新建
装帧设计　侯新建

**商周十供**

SHANGZHOU SHIGONG

**主管单位**　山东出版传媒股份有限公司
**出版发行**　齊魯書社
**社　　址**　济南市市中区舜耕路517号
**邮　　编**　250003
**网　　址**　www.qlss.com.cn
**电子邮箱**　qilupress@126.com
**营销中心**　（0531）82098521　82098519　82098517
**印　　刷**　北京雅昌艺术印刷有限公司
**开　　本**　889mm×1194mm　1/12
**印　　张**　9.5
**插　　页**　2
**字　　数**　66千
**版　　次**　2024年9月第1版
**印　　次**　2024年9月第1次印刷
**标准书号**　ISBN 978-7-5333-4991-2
**定　　价**　1080.00元

# 前　言

“商周十供”原称“周范铜器十事”，通称“周十供”“十供”，是清朝乾隆皇帝赐给曲阜孔府用于祭祀孔子的一套青铜礼器，为国家一级文物，现收藏于孔子博物馆。该套礼器中，“木工册”鼎、兽面纹觚、“册父乙”卣三件器物被断定为商代器物，牺尊、“伯彝”簋、窃曲纹簠、夔龙纹簋、夔凤纹豆、饕餮纹甗、四足方鼎七件器物被断定为周代器物，故被称为“商周十供”。

“商周十供”完整成套，在造型、纹饰上融入不同地区、不同文化的技艺元素，铸造工艺精湛，形制古朴厚重，做工精致考究，纹饰繁复精美，铭文秀美典雅，器表泛红伴绿，古韵洋溢、风格独特，融艺术性和观赏性于一体，具有极高的文物价值和艺术价值，体现了我国古代精湛的制造技艺和独特的审美追求。有学者评价，其价值在乾隆皇帝颁赐给北京国子监孔庙的另一套“十供”之上。

作为祭祀孔子的礼器，“商周十供”蕴含着丰厚的历史文化底蕴，从中可见中国悠久的礼乐文明，可悟博大精深的中华文化，对于认识古代中国、认识中华文化、促进文明交流互鉴具有重要意义。近年来，“商周十供”先后在多地进行展出，深受观众喜爱，引发热烈反响。本画册选用“商周十供”文物高清图片，全景式、多维度展现“商周十供”的工艺之美、造型之美、纹饰之美，并配以准确详尽的文字介绍，让读者更加真切地感受这一中华瑰宝的艺术风采和底蕴魅力，深入了解其背后的历史故事和文化内涵。

我们期待本画册的出版，能够让收藏在博物馆里的珍贵文物以多元、生动的形式走进大众视野，丰富全社会历史文化滋养，激发更多的人对我国辉煌古代文明产生兴趣和热爱，更好地感悟中华文化、增强文化自信，汇聚起赓续中华文脉、建设中华民族现代文明的强大力量。

2024 年 9 月

"乙"卣

周代 牺尊

周代 "伯彝"簋

孔府珍藏御赐“商周十供”，现存于孔子博物馆并对外展出。

商代 “木工册”鼎

商代 兽面纹觚

商代 “册父

# 孔府珍藏

Precious Collections of the Kong Family Mansion

孔子博物館

CONFUCIUS MUSEUM

夔凤纹豆

周代 饕餮纹甗

周代 四足方鼎

周代 窃曲纹簋

周代 夔龙纹簋

周代

# 目　录

# “商周十供”考述

自汉武帝尊崇儒术以降，历代王朝多奉行尊孔崇儒的政策，一再加封儒家学说创始人孔子，不断提高孔子嫡裔的名位，更有多位皇帝亲临曲阜祭祀孔子。对孔子的尊崇和衍圣公的恩渥在清代乾隆年间达到顶峰，乾隆皇帝曾八临曲阜祭祀孔子，创下历史之最，并为曲阜留下了数量可观的赏赐之物，特别是大量与祭祀相关的青铜器。在这些精美的青铜器中，尤以“商周十供”最为知名。

孔府珍藏“商周十供”。

曲阜孔庙航拍。

孔府将“商周十供”视为无上珍宝，平时深藏于府中，秘不示人。这套珍贵的青铜器其来有自，传承有绪，备受关注，现收藏于孔子博物馆，见证了清王朝对孔子的尊崇以及与孔府的密切关系。

## 一

乾隆三十六年（1771）二月初三日，乾隆皇帝自圆明园起銮，乘船沿运河南下。三月初四日，到达曲阜。初五日，乾隆皇帝以最高规格的释奠礼祭祀孔子，行三跪九拜礼，彰显对孔子的无限尊崇。

乾隆皇帝曾颁赐给京师太学“周范铜鼎尊等十事”，“仿太学之例”，由此引发了同样颁赐阙里孔庙的想法。乾隆三十三年（1768）十一月，乾隆皇帝颁谕：“爰择内府所藏周范铜鼎、尊、卣（yǒu）、罍（léi）、壶、簠（fǔ）、簋（guǐ）、觚（gū）、爵、洗各一，颁置太学，陈之大成殿中，用备礼器。”（《清高宗实录》卷八二三）

至于为何一定要选用周代器物，那是因为孔子推崇周代的礼乐文化，有从周之志，即所谓“周监于二代，郁郁乎文哉！吾从周”（《论语·八佾》）。阙里孔庙位于儒学祖庭、孔子诞生之地，具有特别重要的象征意义。因此，当乾隆皇帝亲临曲阜时，他便很自然地决定调拨内府珍藏的“姬朝铜器十事”备列阙里庙庭，给予其与太学相当的待遇。

乾隆皇帝对阙里孔庙所陈列的礼器感到不满意。乾隆皇帝认为先前陈列的“汉代五供”年代不够久远，从观感上看，也不够古雅，不足以表达对孔子的崇敬。而一般的周代铜器也并无特别之意，于是乾隆皇帝决定从集合了天下珍宝的皇宫内府所藏中调拨周范铜器，且一次颁赐十事，其心之诚可见一斑。

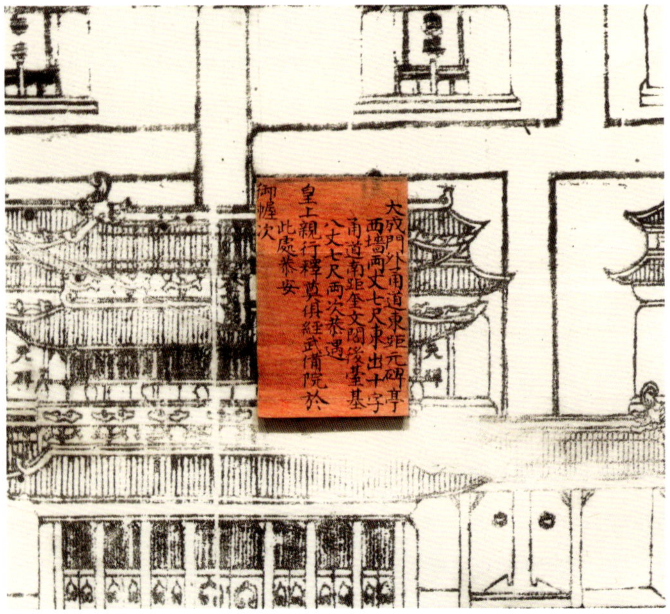


这幅《孔庙之图》是七十一代衍圣公孔昭焕为迎接乾隆皇帝第五次幸临曲阜，奉礼部之命于乾隆三十五年（1770）十二月绘制。图中题签特别标注了乾隆皇帝驾临孔庙时拟行走的路线以及休憩请安等场所，可以想见当年迎驾准备工作的认真细致。

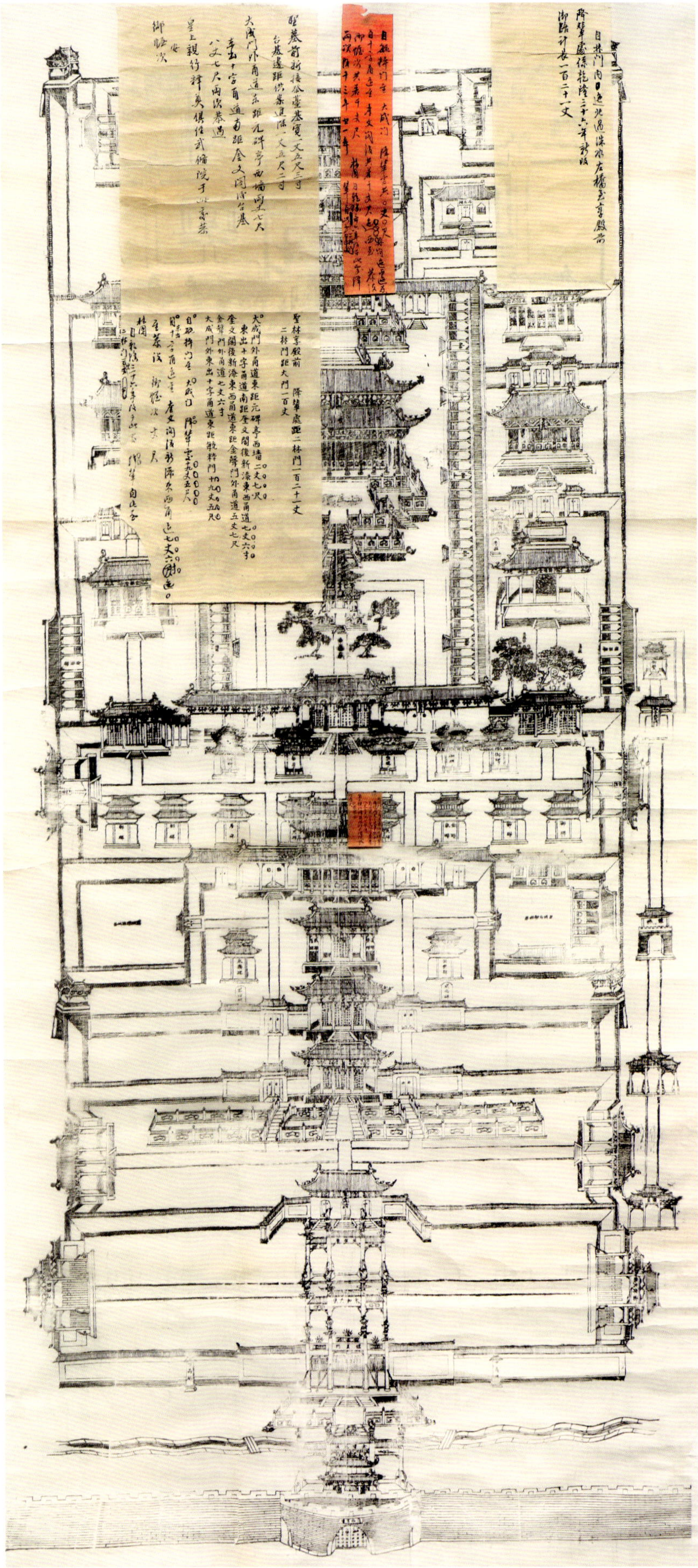

孔府，旧称“衍圣公府”，为孔子后裔直系子孙衍圣公住宅。

## 二

孔府将获赐“十供”视为浩荡天恩、无上荣宠，遵照乾隆皇帝谕旨敬谨收藏，只有在最重要的春、秋两次丁祭时才请出陈设。到了民国时期，又增加了作为孔子诞辰日的大成节。“十供”在祭祀之时陈设于大成殿，平时则珍藏于孔庙礼器库内。后来衍圣公考虑到孔庙并不安全，又将其移于孔府内。

孔府将“十供”看作无上珍宝，获瞻“十供”真容的多为重要官员、著名学者等社会名流。他们纷纷惊叹于“十供”的古朴雅致，评价极高。如清代著名金石学者冯云鹏称赞“其古厚矞皇之气，更在太学所藏十器以上”，曾国藩看后认为“古泽烂然，信法物也”，袁书鼎谓“古色斑斓，真希世珍也”。“十供”之中，尤以木鼎和亚尊最为珍贵，冯云鹏赞叹木鼎“望之有光，夺目惊人，真希世至宝，允为古器之冠”，亚尊“可与木鼎相伯仲”；袁克文云木鼎“为十器之冠，真奇宝也”，亚尊“朱紫

孔府鸟瞰。

灿烂，古器盎然”。

“十供”自到曲阜后，孔府一直仔细珍藏，世守勿替。但是清代中期以来，国家内忧外患，社会动荡不安，作为千年世家的孔府也不可避免地受到冲击，“十供”历尽艰险，屡遭天灾人祸。光绪十一年（1885），“十供”险些毁于孔府内的一场大火。抗日战争时期，日军曾多次到孔府索要，但都被巧妙周旋，“十供”得以完整保存下来。解放战争后期，奉祀官孔德成打算将包括“商周十

孔子博物馆“商周十供”展。

孔府三堂院落。

供”在内的重要文物转移至南京，当时装入木箱临时存放于兖州天主教堂内，其间虽遭飞机的轰炸，但木箱也只是被烧毁一角，“商周十供”完好无损。此后，“商周十供”先后移交山东古代文物管理委员会、曲阜县文物管理委员会保管。“文革”期间，曲阜的名胜古迹受到严重冲击，所幸“商周十供”在文物工作者的努力下，被妥善保护下来。2019年，孔子博物馆落成，面向社会开放，“商周十供”等孔府旧藏文物入藏并上展，保存和展览环境得到极大改善。200多年来秘不示人的孔府珍宝终于揭开了神秘的面纱，诉说着鲜为人知的故事。

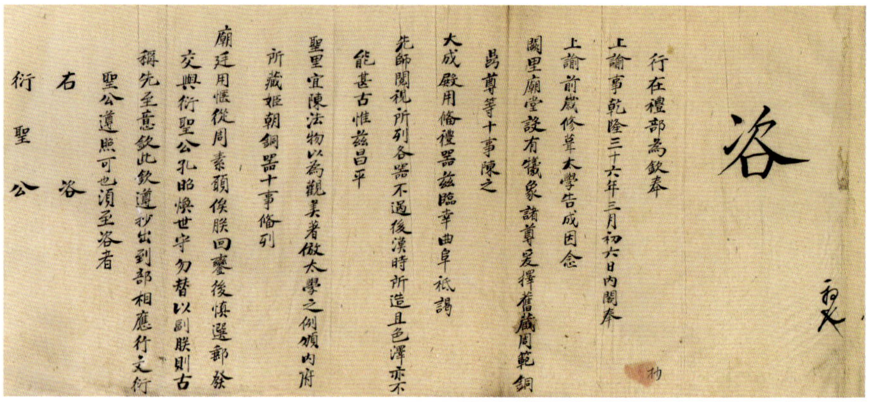
咨
行在禮部為欽奉
上諭事乾隆三十六年三月初六日內閣奉
上諭前歲修葺太學告成因念
闕里廟堂設有犧象諸尊爰擇舊藏周範銅
彝尊等十事陳之
大成殿用備禮器茲臨幸曲阜祗謁
先師闕視所列各器不過後漢時所造且色澤亦不
能甚古惟茲邑平
聖里宜陳法物以為觀美者做太學之例頒內府
所藏姬朝銅器十事備列
廟廷用慊從周素願俟朕回鑾後慎選齎發
交興衍聖公孔昭煥世守勿替以副朕則古
稱先至意欽此欽遵抄出到部相應行文衍
聖公遵照可也須至咨者
右 咨
衍 聖 公

颁赐“十供”谕旨咨文抄件（《孔府档案》卷 5135）。

## 三

乾隆三十六年（1771）十二月，乾隆皇帝派人专程将“周范铜器十事”送到曲阜，交由衍圣公孔昭焕保管。关于具体颁赐物品，孔昭焕的谢恩摺里提到“钦颁周范铜器十件，御制图说册页一匣”，实际上，颁赐之物除“十供”与御制图说册页外，还有一张用于陈设“十供”的花梨几。



御制图说册页不知下落，迄今没有见到实物，不过可以从其他文献中得知其大致内容。乾隆五十八年（1793），清代名臣、著名学者阮元担任山东学政，

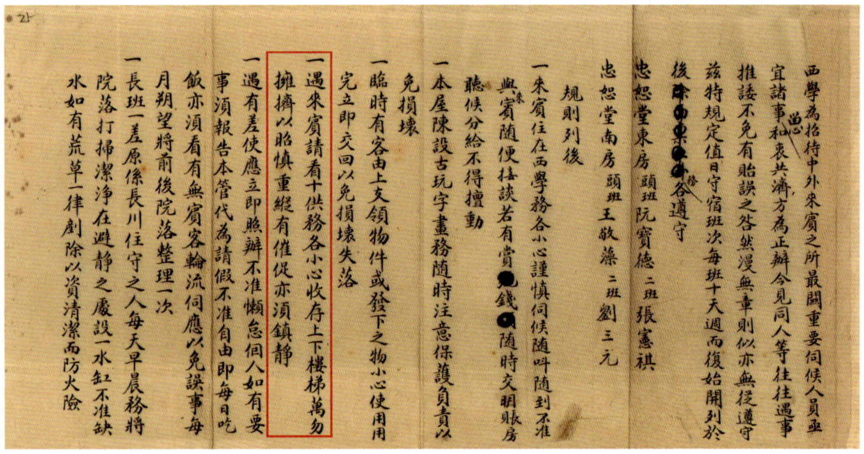
西學為招待中外來賓之所最關重要伺候人員亟
宜諸事和衷共濟方為正辦今見同人等往往遇事
推諉不免有貽誤之咎然漫無章則似亦無從遵守
茲特規定值日守宿班次每班十天週而復始開列於
後[redacted]各遵守
忠恕堂東房 頭班 阮寶德 二班 張憲祺
忠恕堂南房 頭班 王敬藻 二班 劉三元
規則列後
一來賓住在西學務各小心謹慎伺候隨叫隨到不准
與賓隨便接談若有賞[redacted]錢[redacted]隨時交明賬房
聽候分給不得擅動
一本屋陳設古玩字畫務隨時注意保護負責以
免損壞
一臨時有客由上支領物件或發下之物小心使用用
完立即交回以免損壞失落
一遇來賓請看十供務各小心收存上下樓梯萬勿
擁擠以昭慎重縱有催促亦須鎮靜
一遇有差使應立即照辦不准懶怠伺人如有要
事須報告本管代為請假不准自由即每日吃
飯亦須看有無賓客輪流伺應以免誤事每
月朔望將前後院落整理一次
一長班一差原係長川住守之人每天早晨務將
院落打掃潔淨在避靜之處設一水缸不准缺
水如有荒草一律剷除以資清潔而防火險

孔府差役保管“十供”的注意事项（《孔府档案》卷 8929）。

来到曲阜主持了当年冬季的释奠先师孔子仪式，礼成之后观赏了“十供”，将相关情形记录于他后来的名作《山左金石志》内，并置于该书卷首的显要位置。他首先恭录了乾隆皇帝御制诗并序，抄录了每件祭器的图说，并在跋文中记载：“右乾隆钦颁内府周器十事，在曲阜孔庙，并有御制诗册，考释、款识最详。”冯云鹏称“并御制诗章、考释图册给衍圣公孔公昭焕”，他在敬录御制诗并序后，又收录了“器备从先”四字书法，其款曰“辛卯三月臣于敏中奉敕敬书”。民国时期陈沅描述：“器前面展仿本一帧，较器度得五分之一，款式、色泽与原器毕肖，每器有题字一页，闻与祭器同时从内府颁出，不知出何人手，真神笔也。”

孔昭焕在谢恩摺中称“御制图说册页一匣”，应有一匣子专门用来放置册页。《孔府档案》中有关于册页与匣子的相关记载：“册页长九寸〇三厘，宽八寸九分，紫檀面厚一分，面上字与盒盖同。紫檀盒通高三寸，座高一寸四分，方一尺七分，子口高三分半，盖高一寸六分半，方一尺，面上阴文八分书，‘郁文垂范’四字填金。”图说册页被盛放在一件紫檀木盒中，盒上镌刻“郁文垂范”四字，以隶书为之，并填金装饰，古意盎然，与“十供”颇为相称，可谓相当考究。

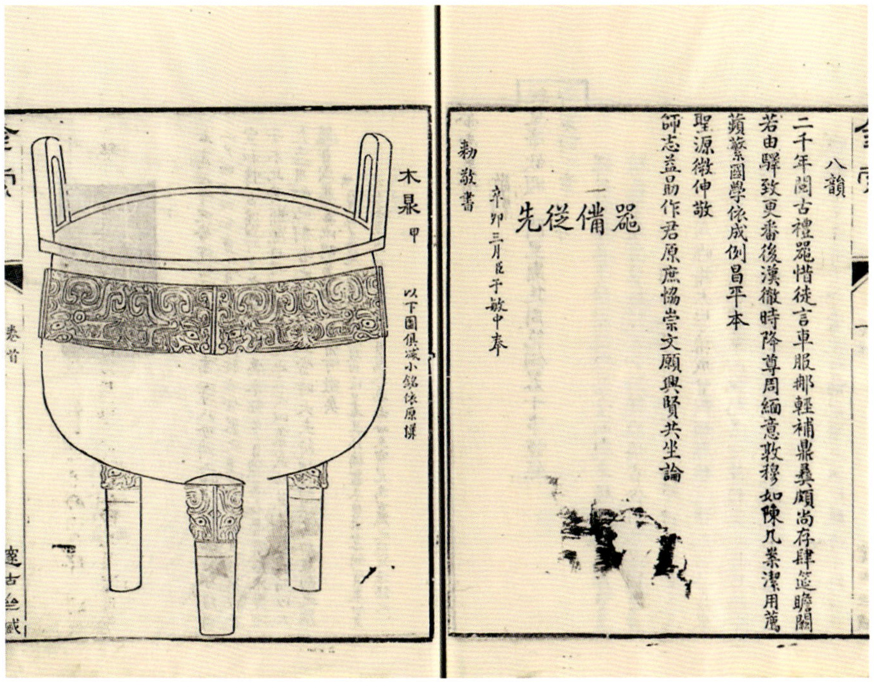
木鼎 甲 以下圖俱藏小銘依原摹

八韻

二千年閱古禮器惜徒言車服郁輕補鼎彝頗尚存肆簋瞻闕若由驛致更番後漢徹時降尊周細意敦穆如陳几案潔用蕆蘋蘩國學依成例昌平本聖源徹仲敬師志益朂作君原庶協崇文願興賢共坐論

器備從先

辛卯三月臣于敏中奉勅敬書

冯云鹏《金石索》书影。

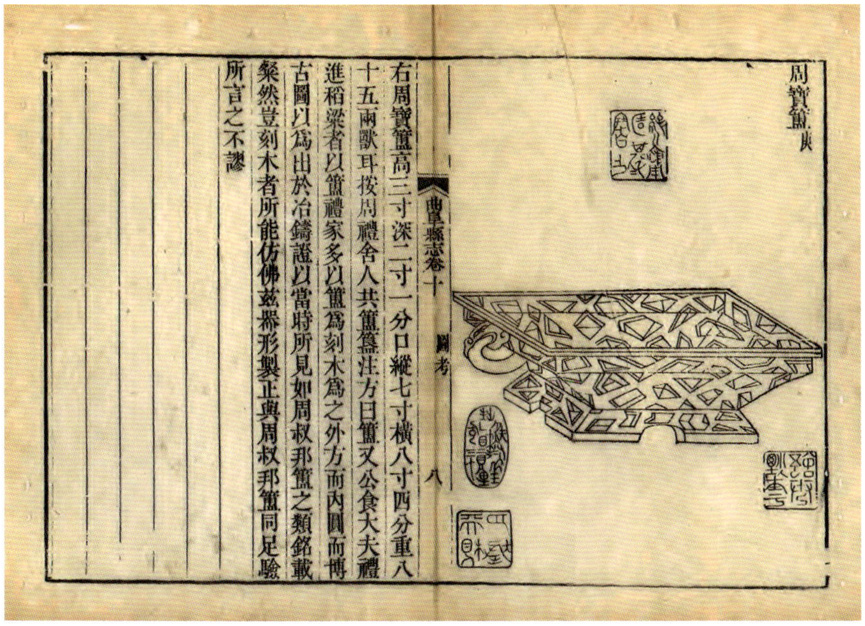
周寶簠

曲阜縣志卷十 圖考 八

右周寶簠高三寸深二寸一分口縱七寸橫八寸四分重八十五兩獸耳按周禮舍人共簠簋注方曰簠又公食大夫禮進稻粱者以簠禮家多以簠爲刻木爲之外方而內圓而博古圖以爲出於冶鑄證以當時所見如周叔邦簠之類銘載粲然豈刻木者所能彷彿茲器形製正與周叔邦簠同足驗所言之不謬

《曲阜县志》所载宝簠之图与图说。

“圣庙十供图”之木鼎。

御制图册不知现在何处，潘相的《曲阜县志》是除此之外较早的文献，依据图册所作，收录了铜器图与印章、图说等内容，该图说具体记载了每件器物的尺寸、重量，详细考证了该类器物的形制。不过，《曲阜县志》的记载存在绘图不确和图文对应颠倒错乱的问题。当时的学者姜克谨发现了这

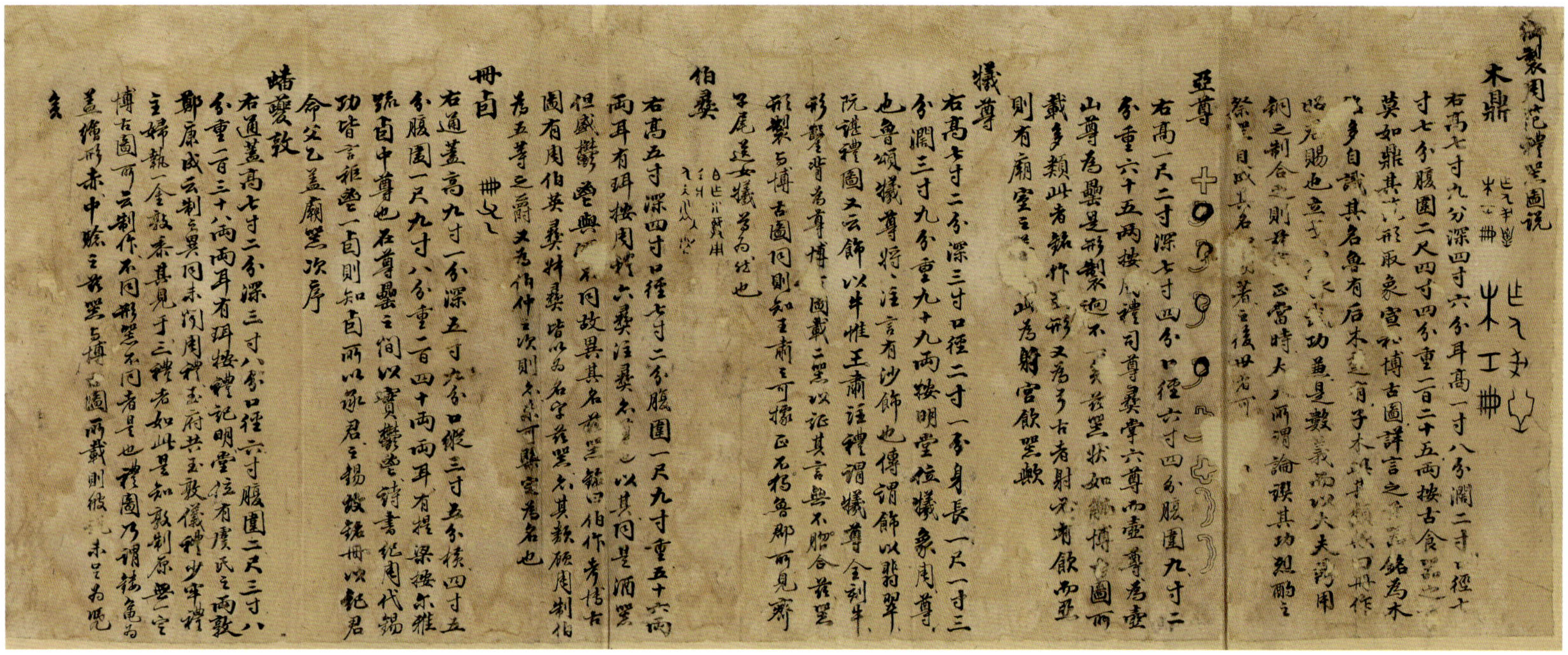

关于“十供”的部分图说记载（《孔府档案》卷5094）。

个问题，而冯云鹏认为“颠倒错乱，人无知者，心滋惧焉”，将县志记载之误完全改正，并“选工绘图，悉遵原式”，将“十供”之图与图说收录在《金石索》中，印制精美，纹饰准确，生动传神。

《曲阜县志》所载“十供”图，除临摹器物本身造型外，并收录器物上所刻铭文及乾隆皇帝的鉴藏印章。“十供”中只有木鼎、亚尊、伯彝、册卣、宝簠五器有铭文，余则皆无。金石鉴藏印章共30方，多体现乾隆皇帝的审美意趣和闲情逸致，如“清心抒妙理”“几席有余香”“体道粹涵养”“涵养用敬”“烟云舒卷”“至性寓淡泊”“乐意寓静观”“心清闻妙香”等。

“十供”均配有紫檀木座，下有篆书“乾隆御赏”。对于木座的尺寸，《孔府档案》亦有记载。

随“十供”一同颁赐的还有用于陈设“十供”的花梨几，现藏于孔子博物馆，状况良好。花梨几“高二尺七寸，长四尺四寸八分，阔二尺一寸五分”，表面又刻有“十供”名称及摆放位置，分列两排，前面一排从左至右，后面一排从右至左，依次为“周夔凤豆甲”“周宝簠乙”“周伯彝丙”“周牺尊丁”“周亚尊戊”“周饕餮（tāotiè）甗（yǎn）己”“周蟠夔（kuí）敦

孔府珍藏乾隆皇帝颁赐用以陈设“十供”的花梨几，现藏于孔子博物馆。

清乾隆皇帝颁赐的“商周十供”和用以陈设“十供”的花梨几。



庚”“周四足鬲辛”“周册卣壬”“周木鼎癸”。

关于“十供”的断代及名称演变过程。按照乾隆皇帝的本意，正如他在谕旨中所言，祭祀先师孔子的祭器，应该选用周代器物，才符合孔子的从周之愿。“十供”原为宫廷内府所藏，皇家颁赐给孔府，一百多年来直至民国初年，少有人怀疑“十供”的断代问题。然而，民国三年（1914），袁克文在观赏完“十供”后，提出了不同的看法，他断定木鼎、亚尊、册卣三件为商代遗物。但袁克文的鉴定并未得到广泛认可，人们还是多习称“周十供”，山东古代文物管理委员会亦仍将其断为周代。后经王献唐等众多专家多次鉴定，最终断定木鼎、亚尊、册卣为商代铜器，并将亚尊改称觚、伯彝改称簋、蟠夔敦改称簋、四足鬲改称方鼎。“十供”的正式名称最终被确定为“‘木工册’鼎”“兽面纹觚”“牺尊”“‘伯彝’簋”“‘册父乙’卣”“窃曲纹簋”“夔龙纹簠”“夔凤纹豆”“饕餮纹甗”“四足方鼎”。至此，“商周十供”正式取代了“十供”“周十供”的称谓而流传开来，成为孔府旧藏的代表性文物。

周木鼎
癸
周冊卣
壬
周夔鳳豆
甲
周寶簠
乙

花梨几面刻有“十供”名称及摆放位置。

出類拔萃河海泰山麟鳳莫喻聖人
師表
在茲
集大成
教垂萬世繼堯舜禹湯文武作之

曲阜孔庙大成殿内景。

曲阜孔庙大成殿。

# 一、“木工册”鼎

“木工册”鼎，原称木工鼎、木鼎，为商代器物，通高30.5厘米，口径24.7厘米，腹围81厘米。青铜质，圆口鼓腹，立耳圜底，三柱形足。口沿下饰一周兽面纹，下腹素面无纹饰，三足上部各饰一组兽面纹。腹底部有三条范铸留下的合缝。器内腹壁有两行铭文，共七字，文曰：“作父戊鼎，木工册。”清乾隆时配镂空玉钮紫檀木盖和紫檀木座。

“木工册”鼎，清乾隆时配镂空玉钮紫檀木盖和紫檀木座。

作为“商周十供”之首，“木工册”鼎也在《曲阜县志》“十供图说”中有所记载，只不过这里称其为“木鼎”：“周木鼎甲：右周木鼎高七寸九分，深四寸六分，耳高一寸八分，阔二寸，口径七寸七分，腹围二尺四寸四分，重一百二十五两。按，古食器之重莫如鼎，其范形取象，《宣和博古图》详言之。兹器铭为木，铭多自识其名，鲁有后木，楚有子木，此其类欤？曰册作昭君赐也，立戈以象武功，兼是数义，而以大夫鼎用铜之制合之，则兹器正当时大夫所谓论撰其功，烈酌之祭器，自成其名以明著之，后世者可征矣。”

在“十供”的花梨几面上，木鼎在后排最左，名“周木鼎癸”。

关于木鼎上的铭文，冯云鹏释读为“作父考孟木工册”，并作了进一步记录：“铭文七字，在腹内近口处。”民国初年，袁克文经过仔细辨别后，认为“木鼎”不是周代器物，而是商器，为其定名为“商父戊鼎”，也作了进一步记录：“文曰‘戊鼎木壬册’，原释文为‘作父考孟木工册’，定为周器，误矣。”

新中国成立后，经考古专家多次鉴定，木鼎被鉴定为商代铜器，其名称被最终确定为“‘木工册’鼎”。

木鼎在“十供”的花梨几面上后排最左，名“周木鼎癸”。

全形拓“木工册”鼎。

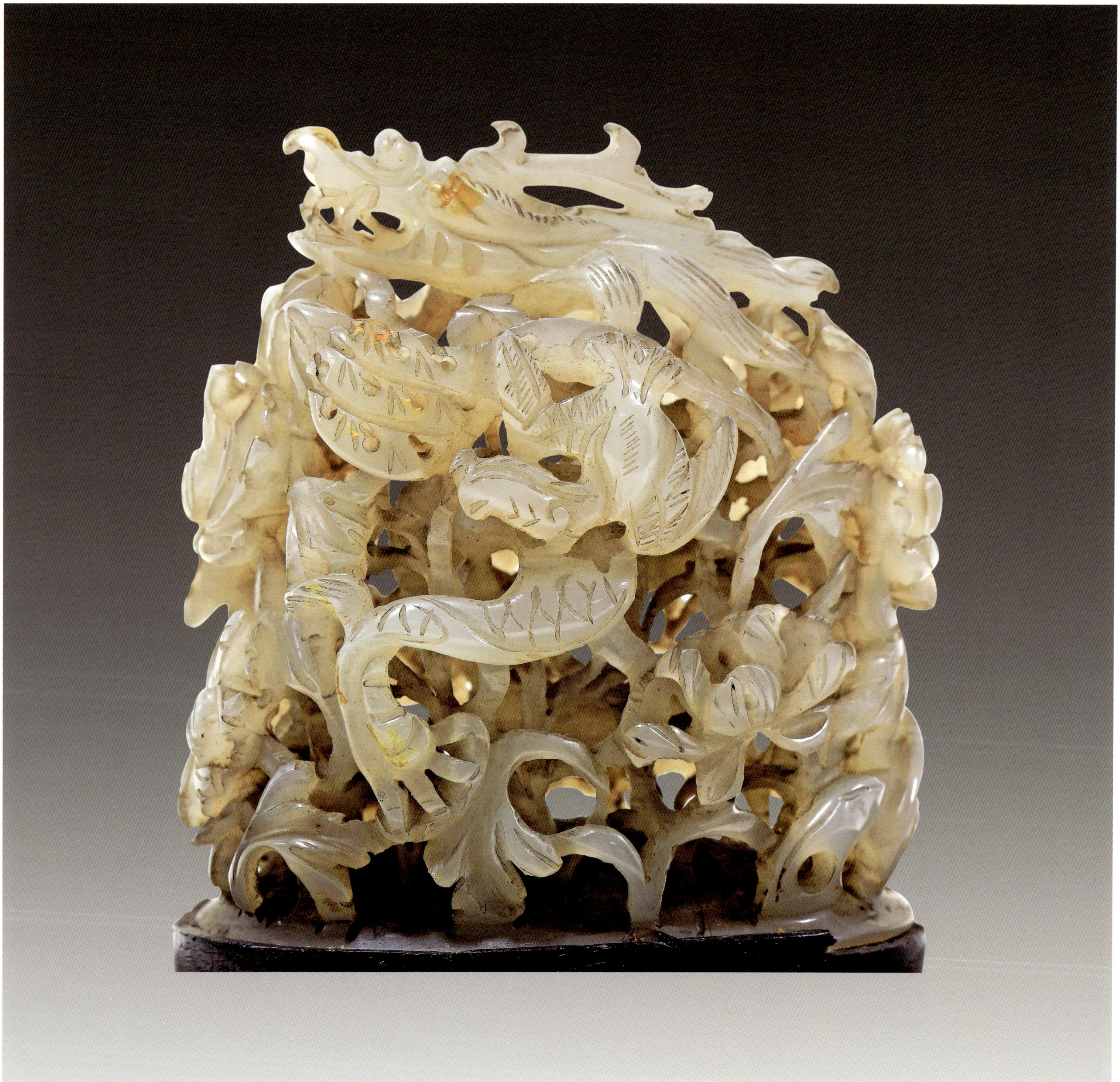

“木工册”鼎紫檀木盖上的镂空玉钮（正面）。

"木工册"鼎紫檀木盖上的镂空玉钮（背面）。

"木工册"鼎口沿下、鼓腹上装饰的兽面纹。

“木工册”鼎，圆口鼓腹，立耳圜底，三柱形足。口沿下饰一周兽面纹，下腹素面无纹饰，三足上部各饰一组兽面纹。

“木工册”鼎三个柱形足上部与器底承接处饰有兽面纹。

"木工册"鼎内腹壁铭文"作父戊鼎，木工册"。

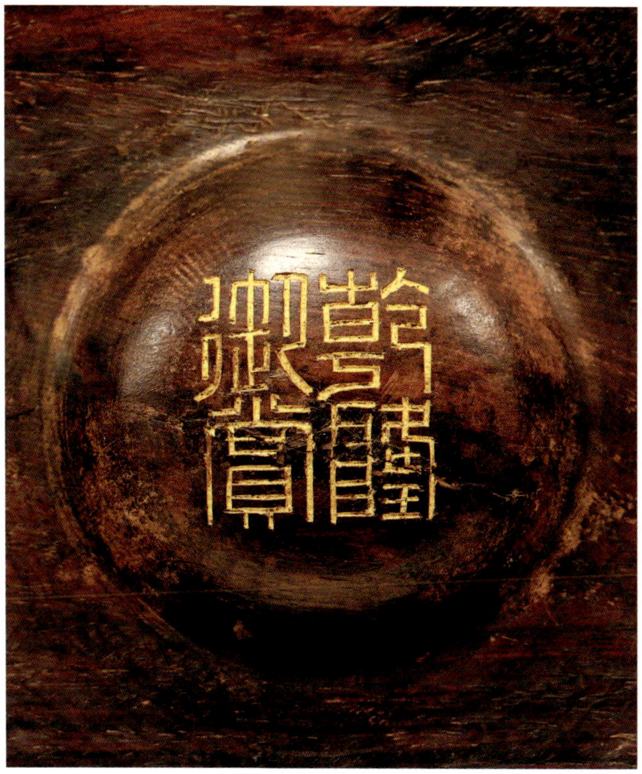

"木工册"鼎紫檀木盖内刻款"乾隆御赏"。

"木工册"鼎内腹壁有两行铭文。

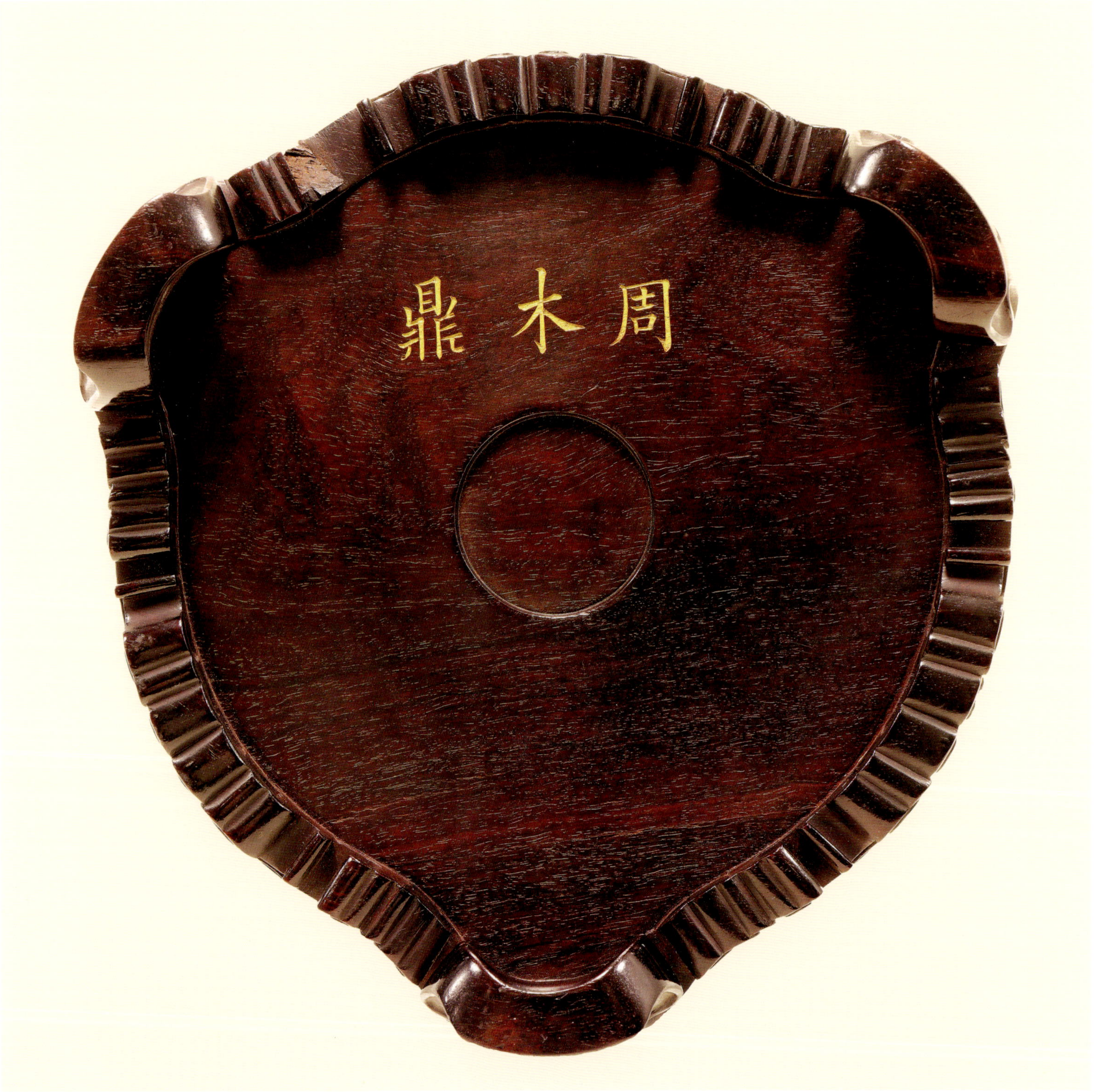


“木工册”鼎座底刻款“周木鼎”。

"木工册"鼎座正面图案。

清乾隆时配紫檀木座，座高二寸四分。

## 知识拓展

鼎是古代炊器兼盛食器，用陶或者青铜制成。陶鼎从新石器时代早期即开始出现，均为三足，器身作罐形或者盆形，是中国古代早期礼器的雏形。

青铜鼎则盛行于商周、秦汉时期，多是三足圆形或四足方形，口沿有两耳，有的有盖，多有各种不同的纹饰。

河南偃师二里头遗址出土的夏代晚期网格纹鼎，是迄今所见年代最早的铜鼎。商代早期，青铜器体制已经较为完善，出现圆鼎、大方鼎和扁足鼎等不同类型。

殷墟作为商朝晚期的都城遗址，出土的青铜器不仅数量多，而且极具代表性。在河南安阳殷墟遗址妇好墓出土的后母戊鼎（因其腹部刻有“后母戊”三字而得名），是商朝晚期王室祭祀用的青铜方鼎，也是迄今为止出土的最大最重的单件青铜器。

用鼎多少是等级高低的标志。西周中后期，与等级身份相应的用鼎制度逐步确立。这项制度规定，在祭祀时，不同等级的贵族应使用不同数量的青铜鼎和簋，鼎内的肉食种类也随等级而发生变化。东周之世，用鼎制度多有变迁，西周古制已不被遵守。《春秋公羊传注疏》认为九鼎代表天子的地位：祭祀时士用一鼎或三鼎，大夫用五鼎，诸侯

大汶口文化时期彩陶钵形鼎，山东泰安大汶口遗址出土。

大汶口文化时期红陶鼎，山东曲阜尼山水库出土。

商举方鼎，山东长清小屯遗址出土，这是迄今为止在山东省境内发现的最精美的商铜鼎。

商晚期后母戊鼎，河南安阳殷墟遗址妇好墓出土。



用七鼎，而只有天子才能用九鼎。

这一时期最突出的变化是列鼎制度以及大量铭文的出现。清代道光末年出土于陕西岐山的西周晚期青铜器毛公鼎，鼎内铭文多达497字。东周的青铜鼎造型富于变化，注重实用，出现了鼎盖和环，铭文位置也从之前的鼎腹内壁转到鼎的外表。汉代，簠、簋、敦等在周代非常流行的青铜食器大都消失，而鼎、壶等器物仍在使用。两汉至魏晋时期，青铜鼎逐渐衰落。东汉以后，陶鼎从生活中消失，但作为明器，仍被使用了很长一段时期后才彻底退出历史舞台。

宋朝时，金石学研究兴起，使用铜、瓷、玉等材质仿制古代器物的风气盛极一时。香炉有些形状即借鉴了先秦铜鼎的器型。

明清时代祭祀周公、孔子等先圣先贤的礼器，也就是所谓的“五供”，就是由香炉一件、尊一对、烛台一对组成。而“香炉”的形制多为“鼎”状，其造型特征源自青铜鼎。器物饰以云龙纹、火焰纹、回纹、海水纹等，材质多为青铜、珐琅、青花瓷等。

## 二、兽面纹觚

兽面纹觚，原称亚弓觚、亚尊，为商代器物，口径20.5厘米，足径13厘米，高32厘米。青铜质，圆筒形，侈口，收腹，喇叭形高圈足。腹部与圈足由四道扉棱等分，其间饰乳丁兽面纹；颈下部与腹、腹与圈足以两道凸弦纹相隔，颈部素面。圈足上缘有两个十字镂孔。圈足内壁铸有铭文，释作“亚弓”。清乾隆时配紫檀木座。

兽面纹觚，清乾隆时配紫檀木座。

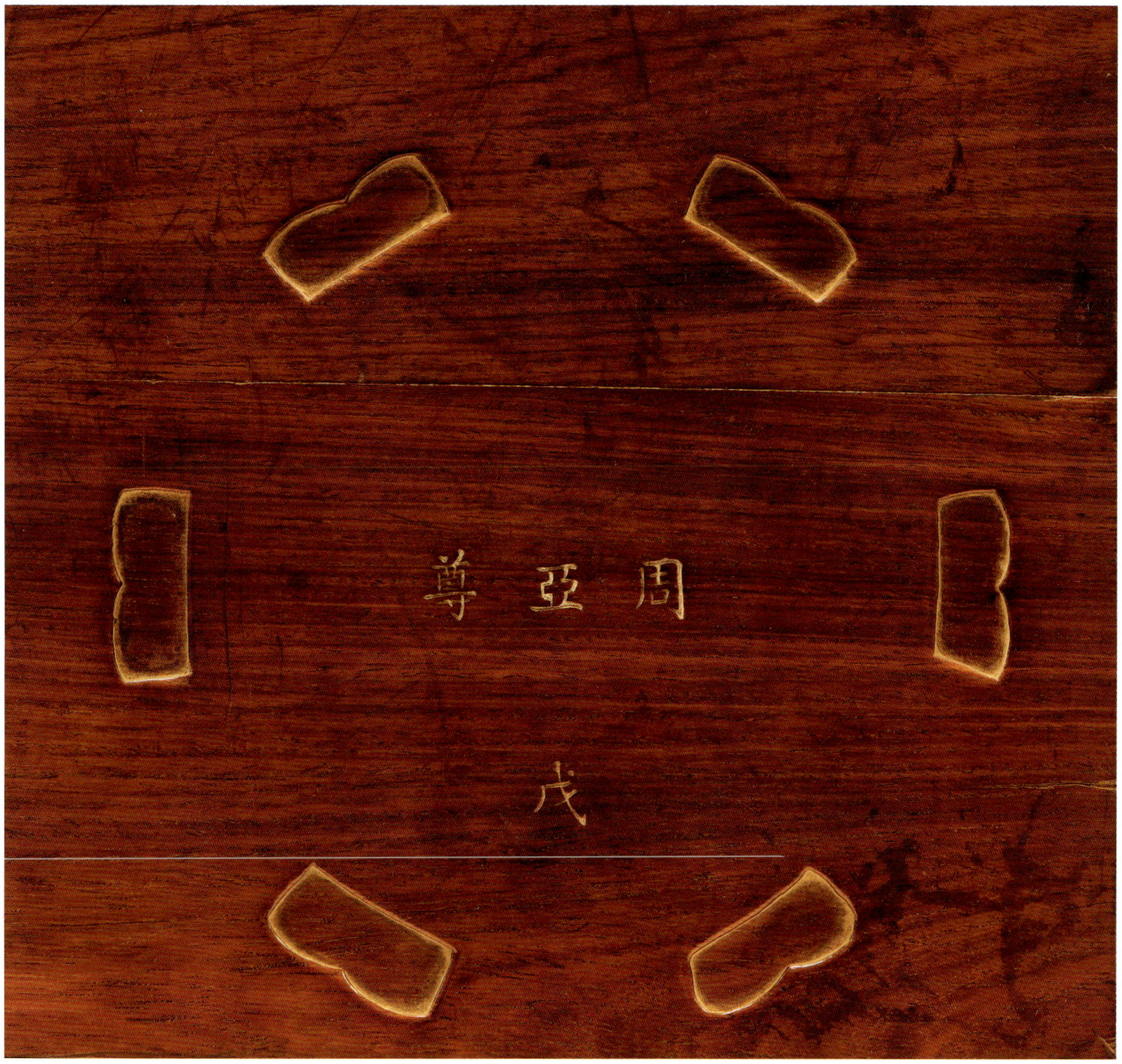

亚尊在“十供”的花梨几面上前排最右，名“周亚尊戊”。

全形拓兽面纹觚。



《曲阜县志》“十供图说”将兽面纹铜觚称为“亚尊”：“周亚尊乙：右亚尊高一尺二寸，深七寸四分，口径六寸四分，腹围九寸二分，重六十五两。按，《周礼》司尊彝掌六尊，而壶尊为壶，山尊为罍，是形制迥不一矣。兹器状如觚，《博古图》所载多类此者，铭作亚，形又为弓，古者射必有饮，而亚则有庙室之义，意此为射宫饮器欤？”

陈设“十供”的花梨几面上，亚尊在前排最右，名“周亚尊戊”。

冯云鹏解读“亚尊”的铭文为“亚弓”，“铭二字在足口之里”。袁克文认为“亚尊”不是周代器物，而是商器，并为其定名曰“商亚尊”：“商亚尊，‘亚’字形，原亦误定为周器。”“亚尊”配有紫檀木座，座高一寸九分，六角径六寸二分。

新中国成立后，经考古专家多次鉴定，“亚尊”应为商代铜器，其器应是觚而不是尊，其名最终被确定为“兽面纹觚”。

兽面纹觚腹部与圈足由四道扉棱等分，其间饰乳丁兽面纹；颈下部与腹、腹与圈足以两道凸弦纹相隔，颈部素面。

兽面纹觚圈足上缘有两个十字镂孔。

圈足内壁铸有铭文，释作“亚弓”。

清乾隆时配兽面纹觚紫檀木座，高一寸九分，六角径六寸二分。

兽面纹觚座面刻款“乾隆御赏”。

兽面纹觚座底刻款“周亚尊”。

## 知识拓展

兽面纹，又称饕餮纹，较早见于五千年前长江下游地区良渚文化的玉器上，如良渚兽面纹玉琮。山东龙山文化也有玉器上刻兽面纹的情况。二里头文化中有一种特有的青铜牌饰，上亦有兽面纹。商代青铜器尤其是尊、卣、鼎、罍，大部分都有兽面纹，而且占据器物的最主要部分。周初仍然流行兽面纹，到西周中期衰落。

大汶口文化时期彩陶觚，山东兖州王因遗址出土。

大汶口文化时期彩陶觚，山东泰安大汶口遗址出土。

商饕餮纹铜觚，山东长清小屯遗址出土。

“觚”这个字不见于甲骨文，也不见于青铜器的铭文，而是最早出现在《仪礼》中。《仪礼·燕礼》曰：“主人北面盥，坐取觚洗。”郑玄注：“古文觚皆为觯（zhì）。”又：“公坐取宾所媵（yìng）觯。”《仪礼·士冠礼》贾公彦疏引《韩诗外传》称：“爵一升，觚二升，觯三升，角四升，散五升。”觚能盛酒二升。汉代王充在《论衡》中说道：“文王饮酒千钟，孔子百觚。”意为孔子能饮酒二百升。北京大学阎步克教授认为西周中期以后已经不再制作觚器，礼书中的觚只是对二升酒器的指代。

觚是古代饮酒器，由陶或者青铜制成，形似高杯，长身，侈口，有圈，口和足均呈喇叭状。新石器时代就已出现陶制的觚，如东平丁坞遗址出土有龙山文化时期的蛋壳灰陶高柄觚一件。青铜觚盛行于商代和西周初年。商代早期的觚体短而粗，后期较为细长。陕西周原出土有“旅父乙”觚，为商末周初器物，腰部极细，口外侈幅度甚大，大于圈足的外径；腰部以上至口沿素面无纹，纹饰全部集中在圈足上，其主体部分饰以带状夔形龙纹，上下配置带状目雷纹，圈足的内壁铸有“旅父乙”三字。春秋时期，觚的造型已发生变化，与商、西周时期不同。《论语·雍也》曾记载孔子的感叹：“觚不觚，觚哉！觚哉！”意思是觚已经不是原来的形态了。

## 三、“册父乙”卣

“册父乙”卣，原称册卣，又称父已卣，为商代器物，通高33厘米，宽25厘米，口长径14.5厘米、短径11.3厘米，腹围64.5厘米，足长径18.7厘米、短径15.2厘米，重5.3千克。青铜质，椭圆体状，口颈微敛，鼓腹下垂，圈足外撇，有盖，菌状盖钮。器、盖为子母口，器腹两侧有环耳，衔绳纹提梁，口沿下饰一周菱形雷纹，中间浮雕一兽首，腹部素面，圈足饰两道凸弦纹，器盖内壁和器底内壁竖行对铭三字，文曰“册父乙”。清乾隆时配紫檀木座。

“册父乙”卣，清乾隆时配紫檀木座。

《曲阜县志》“十供图说”将“册父乙”铜卣称为“册卣”：“周册卣戊：右周册卣通盖高九寸一分，深五寸九分，口纵三寸五分，横四寸五分，腹围一尺九寸八分，重一百四十两，两耳有提梁。按，《尔雅》疏，卣，中尊也，在尊罍之间，以实郁鬯。诗书纪周代锡功，皆言秬鬯一卣，则知卣所以承君之锡。故铭册以纪君命，父乙盖庙器次序。”

陈设“十供”的花梨几面上，册卣在后排左二，名“周册卣壬”。

冯云鹏解读其铭文为“册父乙”，“铭在其盖内”。袁克文认为“册卣”不是周代器物，而是商器，为其定名曰“商父乙卣”：“商父乙卣，铭曰丹（册）父乙，此亦误定为周器。”清乾隆时配紫檀木座，座上刻款“乾隆御赏”，座底刻款“周册卣”，座高一寸八分，隋长七寸□分，阔六寸一分。

新中国成立后，经考古专家多次鉴定，册卣应为商代铜器，其名被确定为“‘册父乙’卣”。

“册父乙”卣在“十供”的花梨几面上后排左二，名“周册卣壬”。

全形拓“册父乙”卣。

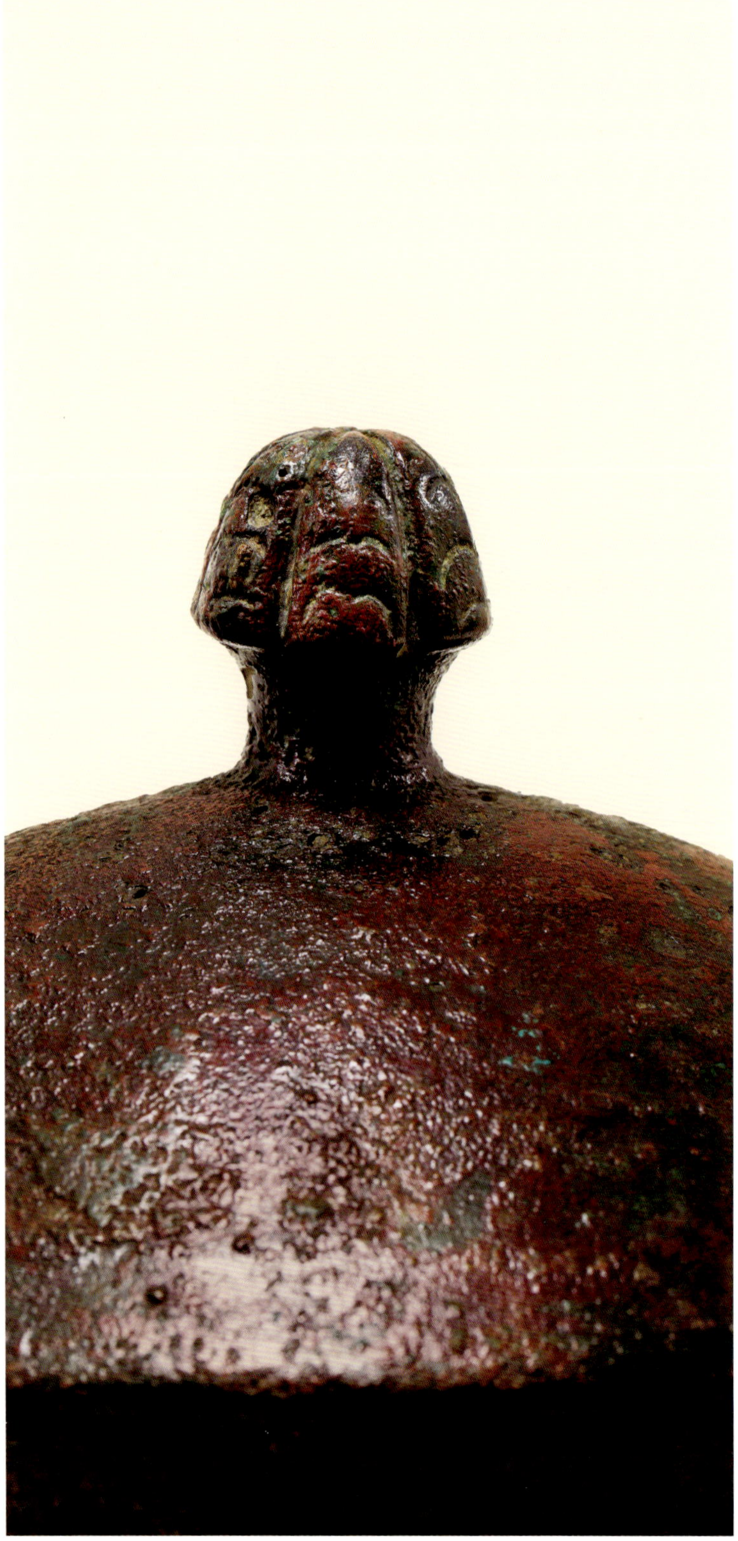

“册父乙”卣之盖，盖钮呈菌状。

“册父乙”卣器盖内壁和器底内壁竖行对铭三字，文曰“册父乙”。

“册父乙”卣口沿下饰一周菱形雷纹，中间浮雕一兽首。

清乾隆时配“册父乙”卣紫檀木座，座面刻款“乾隆御赏”。

清乾隆时配“册父乙”卣紫檀木座，座高一寸八分，隋长七寸□分，阔六寸一分。

清乾隆时配“册父乙”卣紫檀木座，座底刻款“周册卣”。

## 知识拓展

卣以青铜铸成，是古代的盛酒器，用来盛放祭祀时所用的鬯（chàng）酒。卣盛行于商代和西周早期；在南方，则延续到春秋时期。

在殷墟甲骨文卜辞、西周金文及先秦文献中都有“卣”的存在，如甲骨卜辞中的“鬯五卣”“鬯三卣”等，西周盂鼎金文中的“易女（汝）鬯一卣”，毛公鼎铭文中的“易女秬鬯一卣”等，《尚书·洛诰》中的“伻来毖殷，乃命宁予以秬鬯二卣”，《诗经·大雅·江汉》中的“秬鬯一卣”，《史记·晋世家》中的“天子使王子虎命晋侯为伯，赐

商提梁卣，山东济南刘家庄遗址出土。

西周鸟盖卣，山东蓬莱村里集城址出土。

大辂，彤弓矢百，玈弓矢千，秬鬯一卣，珪瓒，虎贲三百人”等。可知此处作为鬯的单位的“卣”是指一种专门盛鬯酒的酒器。

一般被定为卣的青铜器有以下特征：椭圆形，敛口，深腹，颈部两侧有提梁，上有盖，盖上有钮，下有圈足。商代一些青铜卣提梁与卣体是分体铸造，榫卯结合，安装以后无法拆卸（后来发现是可以拆卸的，原来提梁是黄金制造，黄金柔软性高，延伸性好，拆卸后并不会折断）。另外，还有作鸱鸮一类鸟形或者虎食人形的卣。

西周启卣，山东黄县（今龙口）归城小刘庄遗址出土。

春秋铜卣，山东肥城小王庄遗址出土。

# 四、牺尊

牺尊，周代器物，长39厘米，宽14.5厘米，高29厘米。青铜质，牛形（或认为通体为小羊形），双耳向后竖立，身体肥壮，短尾，腿较粗壮，四蹄形足。背上有一小椭圆形盖，可开合，酒自牛背注入，由牛口倾出，器身素面无纹饰。清乾隆时配紫檀木座。

牺尊，清乾隆时配紫檀木座。

牺尊在“十供”的花梨几面上前排右二，名“周牺尊丁”。

全形拓牺尊。



《曲阜县志》“十供图说”将铜牺尊称为“牺尊”：“周牺尊丙：右牺尊高七寸二分，深三寸，口径二寸一分，身长一尺一寸三分，阔三寸九分，重九十九两。按，《明堂位》，牺、象，周尊也。《鲁颂》“牺尊将将”，注言有沙饰也，传谓饰以翡翠，阮谌礼图文云饰以牛，惟王肃注礼谓牺尊全刻牛形，凿背为尊。《博古图》载二器以证其言，无不吻合。兹器形制与《博古图》同，则知王肃之可据，正不独鲁郡所见，齐子尾送女牺尊为然也。”

陈设“十供”的花梨几面上，牺尊在前排右二，名“周牺尊丁”。

牺尊侧面。

牺尊正面。

牺尊首。

清乾隆时配镶雕玉虎紫檀木座，座面刻款“乾隆御赏”，座底刻款“周牺尊”，座高一寸九分，隋长一尺，阔四寸九分。

新中国成立后，经考古专家多次鉴定，其名依然被确定为“牺尊”。

清乾隆时配牺尊雕玉虎紫檀木座，座高一寸九分，隋长一尺，阔四寸九分，座底刻款“周牺尊”。

清乾隆时配牺尊紫檀木座，座面刻款“乾隆御赏”，镶雕玉虎。

## 知识拓展

尊是指商周时期一类中大型青铜盛酒器，一般用青铜铸成，长高颈，粗腹（圆腹或方腹），敞口，口径较大，广肩，高圈足。商代的尊多数较为粗大，广肩高颈，侈口。西周中期渐渐变成束颈垂腹，同时出现方尊，如著名的四羊方尊、何尊等。春秋后期已经较为少见。

另有模拟动物形状的鸟兽尊，商代至战国均有。鸟兽尊的“尊”与青铜器专名“尊”、青铜器铭文中的“尊”含义都不相同。鸟兽尊的“尊”是盛酒器的通称，而青铜器专名“尊”是指侈口、腹部粗而鼓张、高圈足、形体较宽的一类青铜器，也就是“似觚、觯而巨者”，铭文中的“尊”则是酒、食器等礼器的共名。

最早定义“鸟兽尊”的是容庚先生。其所著《商周彝器通考》单列“鸟兽尊”一类，“于鸟兽形之尊彝统称之为尊”。虽然“鸟兽尊”的最初定名是为了区分青铜器，但形制类似的陶器也被称为“鸟兽尊”。

据文献记载，鸟兽尊在祭祀或宴飨时常作为礼器出现。《周礼·春官·司尊彝》中有“掌六尊六彝之位”的记载，“六尊六彝”中冠以鸟兽名字的有鸡彝、鸟彝、虎彝、蜼彝和象尊。此外，注释《周礼》的郑众等人还认为六尊中的“献尊”就是“牺尊”。《左传·定公十年》记载孔子在夹谷之会上对齐景公的宠臣梁丘据说：“牺、象不出门，嘉乐不野合。”就是说牺尊、象尊不出国门，钟磬不在野外合奏。

在乾隆皇帝钦赐“商周十供”之前，孔庙祭祀孔子的礼器为“汉代五供”，分别是山纹铜尊、陶太尊、雷纹铜尊、铜牺尊、铜象尊，其中的铜牺尊、铜象尊就是鸟兽尊。



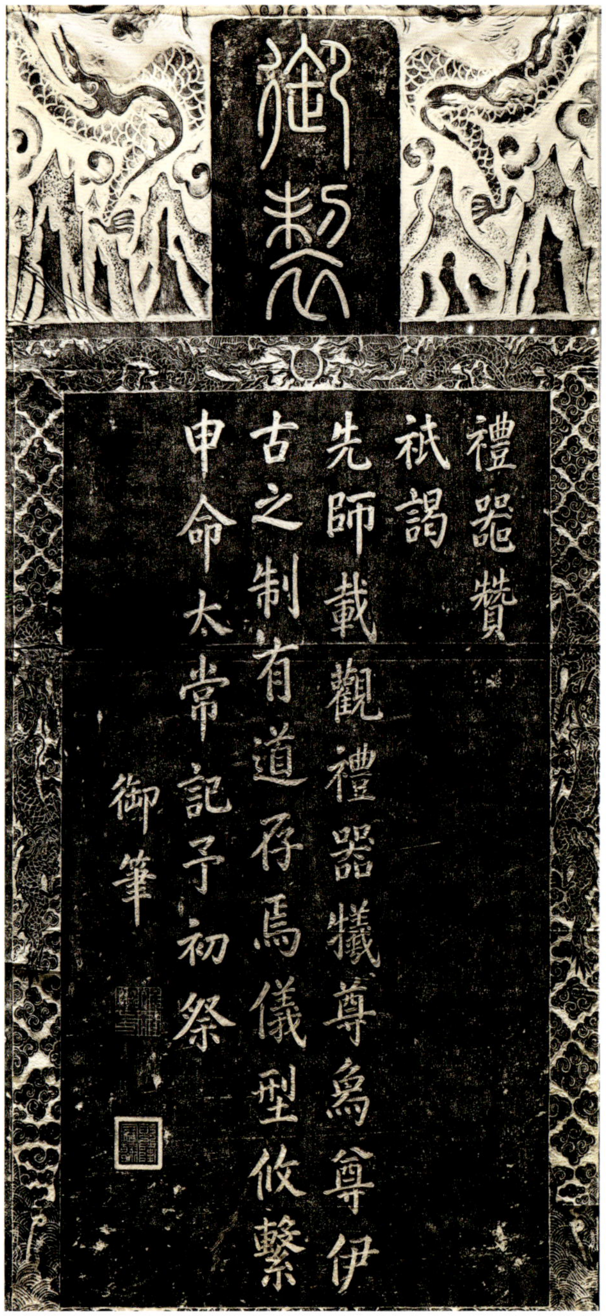


清乾隆皇帝御笔礼器赞碑（拓片）。

“汉代五供”从上到下、从左到右依次为铜象尊、铜牺尊、山纹铜尊、陶太尊、雷纹铜尊。

# 五、“伯彝”簋

“伯彝”簋，原称伯彝，又称伯簋，为周代器物，口径23.2厘米，底径14.8厘米，高15.7厘米，重2.1千克。青铜质，呈杯形，侈口，圆腹，圜底，圈足。腹有二兽首象鼻耳，垂珥。器腹纹饰以带纹分割成上、下两部分，上部饰四组变形兽面纹，下部饰两组变形兽面纹。圈足饰四组变

“伯彝”簋，清乾隆时配雕龙斑纹玉钮紫檀木盖和紫檀木座。

形兽面纹。器内底铸有四行铭文二十字，可辨者六字，文曰："伯作尊彝用□□□□□□□□□□□□□永□□。"（不可辨者用"□"代替，下同）清乾隆时配紫檀木盖和紫檀木座。

《曲阜县志》"十供图说"将"伯彝"款兽面纹铜簋称为"伯彝"："周伯彝丁：右周伯彝高五寸，深四寸，口径七寸二分，腹围一尺九寸，重五十六两，两耳有珥。按，《周礼》六彝注，彝亦尊也，以其同是酒器，

伯彝在"十供"的花梨几面上前排居中，名"周伯彝丙"。

全形拓"伯彝"簋。

但盛郁鬯，与酒器不同，故异其名。兹器铭曰伯作，考《博古图》有周伯英彝、叔彝，皆以为名字，兹器亦其类。顾周制，伯为五等之爵，又为伯仲之次，则亦未可概定为名也。"

陈设"十供"的花梨几面上，伯彝在前排居中，名"周伯彝丙"。

“伯彝”簋。

“伯彝”簋器内底铸有四行铭文二十字，可辨者六字，文曰“伯作尊彝用永”。

“伯彝”簋器腹纹饰以带纹分割成上、下两部分，上部饰四组变形兽面纹，下部饰两组变形兽面纹。

“伯彝”簋腹有二兽首象鼻耳，垂珥。圈足饰四组变形兽面纹。

清乾隆时配“伯彝”簋紫檀木座，座高一寸九分，六角径六寸七分。

“伯彝”簋雕龙斑纹玉钮。

“伯彝”簋檀木盖内刻款“乾隆御赏”。

清乾隆时配“伯彝”簋紫檀木座，座底刻款“周伯彝”。

冯云鹏解读其铭文为“伯作□彝用□□□□□□□□□□□人□永□□”，“是彝铭文，似作四行，每行五字，共二十字，磨灭难辨，中二行尤甚，但存数笔，不可推测，末行似‘子孙永用宝’而未敢定”。袁克文为其定名曰“周白彝”：“白彝，铭二十字，多漫灭，可辨者仅‘白作彝用人永’六字耳……存铭文第一、第二、第四、第十六、第十八诸字，末一字似‘宝’字。”清乾隆时配紫檀木盖和紫檀木座，座底刻款“周伯彝”，座高一寸九分，六角径六寸七分。

新中国成立后，经考古专家多次鉴定，其被鉴定为簋，伯彝遂改称簋，其名遂定为“‘伯彝’簋”。

清乾隆时配“伯彝”簋雕龙斑纹玉钮紫檀木盖。

## 知识拓展

篮是商周时期青铜食器兼礼器，用陶或者青铜制成，盛放黍、稷、稻、粱等谷物饭食。

陶簋最早出现于距今七千多年的新石器时代。那时，黄河和长江流域已经在使用敞口、深腹、圈足的陶制盛食器。一些考古报告将这些陶器称为陶碗、陶盆，另一些考古报告则参考后世青铜簋的形制，称其为陶簋。这种盛食器就是青铜簋的前身。

青铜簋大致出现于商代中期至殷墟二期，一直流行至战国时期。西周早期是簋的黄金时期，数量众多，以碗钵形环耳圈足簋为主流，且出现了大量不具实用性的装饰性部件，如方座、四耳、鸟兽造型环耳、铜铃等。西周中期，簋经历小幅衰落，数量减少，风格简约质朴。进入西周晚期，簋又迎来一个高峰期。

著名的利簋是现存最早的西周青铜器，为周武王时官吏利所做，故名；因其铭文中有“珷征商”字样，又被称为“武王征商簋”。利簋铭文开首，即为“珷征商”“唯

商融簋，山东青州苏埠屯遗址出土。

商簋，山东青州苏埠屯遗址出土。

甲子朝”“夙有商”几句，明确概述了武王征商的史实，是已知周初金文关于此事件的唯一史料。利簋也是目前发现的唯一记载伐商具体日期即“甲子朝”的器物，可与《尚书·牧誓》《逸周书·世俘》等文献中关于武王伐纣时间的记载相印证，对商周断代具有非常重要的意义。

在青铜盛食器中，簋占据主导地位，出现得最早，流传时间最久，传世数量最多，在青铜礼器史上的地位也最为突出，对其他粢盛器形制的产生有深远影响。青铜簠、盨（xǔ）、盉（hé）、敦的器形都直接或间接由簋演化而来。

西周滕侯簋，山东滕县（今滕州）姜屯镇庄里西村遗址出土。

# 六、窃曲纹簋

窃曲纹簋，原称蟠夔敦，为周代器物，通高22.3厘米，口径19.5厘米，足径21.8厘米。青铜质，器身敛口，圆腹，兽首形双耳有垂珥，圜底，圈足下附三兽首蹄形短足。盖顶隆起，有圈形捉手，盖饰瓦纹和窃曲纹。器身上部饰窃曲纹，下部为瓦纹。圈足饰垂鳞纹。清乾隆时配紫檀木座。

窃曲纹簋，清乾隆时配紫檀木座。

《曲阜县志》“十供图说”将窃曲纹铜簋称为“蟠夔敦”：“周蟠夔敦己：右蟠夔敦通盖高七寸二分，深三寸八分，口径六寸，腹围二尺三寸八分，重一百三十八两，两耳有珥。按，《礼记·明堂位》，有虞氏之两敦，郑康成云制之异同未闻，《周礼·玉府》共玉敦，《仪礼·少牢礼》主妇执一金敦黍。其见于三礼者如此，是知敦制原无一定，《博古图》所云制作不同，形器不同者是也。礼图乃谓镂龟为盖，绘形赤中，验之兹器与《博古图》所载，则彼说未足为凭矣。”

陈设“十供”的花梨几面上，蟠夔敦在后排右二，名“周蟠夔敦庚”。清乾隆时配紫檀木座，座高二寸六分，圆径八寸。袁克文为其定名曰“周夔文敦”。

新中国成立后，经考古专家多次鉴定，其器应为簋，蟠夔敦遂改称簋，其名遂确定为“窃曲纹簋”。

窃曲纹簋在“十供”的花梨几面上后排右二，名“周蟠夔敦庚”。

全形拓窃曲纹簋。

窃曲纹簋顶。

窃曲纹簋器身上部饰窃曲纹，下部为瓦纹，腹有双兽耳。

窃曲纹簋圈足饰垂鳞纹，碗状盖，下有三短兽首蹄形短足，三蹄形足上部浮雕兽面纹；腹有双兽耳、垂珥。

## 知识拓展

蟠夔敦的“蟠”是指蟠龙，又作盘龙，是盘曲环绕状、没有升天的龙。根据《太平御览》记载，其长四丈，身体青黑色并有红色带状纹路，经常随水而下入海。蟠龙也有毒性，被其伤害的人会随即死去。

蟠龙图案常运用于中国古代宫殿、较高规格的寺庙建筑中，多出现在柱子、屋梁、天花板等位置，其中以同时具有云纹和蟠龙的蟠龙柱最常见，华表即属此类。清代皇家建筑藻井中也常见到咬着吊灯、雕刻生动的蟠龙，与明代藻井常用明镜、莲瓣搭配云龙不同。

敦是春秋战国时期的青铜食器兼礼器，是继簋之后用来盛放饭食的主流青铜器。敦的形制多样，其共同点为半球形圆腹、环耳、有盖，典型样貌则为器身和器盖对称，各三

西周颂簋，山东博物馆十大镇馆之宝之一。

西周颂簋铭文。

春秋铜簋，山东沂水刘家店子遗址出土。

足、两环耳，相合呈球形。根据足形、盖形和盖器的比例，敦分为平底敦、盏式敦、对称敦。“敦”字在古汉语中有“圆”的意思，古人因此用“敦”来给这类球形青铜器命名。

西周中期以后，动物纹样逐渐简化和抽象化，打破了以直线为主的装饰特点和对称格式，于是窃曲纹应运而生。窃曲纹是一种适应装饰部位要求而变形的动物纹样，其名称是据《吕氏春秋·离俗览》中所说的“周鼎有窃曲，状甚长，上下皆曲，以见极之败也”而来。窃曲纹的基本特征是一个横置的S形，由两端回钩或S形的线条构成扁长形图案，中间常填以目形纹，但又未完全摆脱直线的雏形，形成直中有圆、圆中有方的图案，正符合“上下皆曲”的特点。

战国铜敦，山东临淄乙烯厂区出土。

春秋铜敦，山东招远毕郭镇墓群出土。

# 七、夔龙纹簠

夔龙纹簠，原称宝簠，为周代器物，口长径28.5厘米、短径22厘米，高8.6厘米，重3.4千克。青铜质，方形，口外侈折沿，兽首形双耳，腹斜收，下有四矩形短足，口沿下饰一周乳丁云雷纹，器腹饰顾首夔龙纹，器内底铸有三行铭文，共十一字，文曰："□自作□簠，其子孙永宝用。"缺盖。清乾隆时配紫檀木座。

夔龙纹簠，清乾隆时配紫檀木座。

《曲阜县志》“十供图说”将夔龙纹铜簠称为“宝簠”：“周宝簠庚：右周宝簠高三寸，深二寸一分，口纵七寸，横八寸四分，重八十五两，兽耳。按，《周礼·舍人》共簠簋，注“方曰簠”，又公食大夫礼进稻粱者以簠，礼家多以簠为刻木为之，外方而内圆。而《博古图》以为出于冶铸，证以当时所见如周叔邦簠之类，铭载粲然，岂刻木者所能仿佛？兹器形制正与周叔邦簠同，足验所言之不谬。”

陈设“十供”的花梨几上，宝簠在前排左二，名“周宝簠乙”。

夔龙纹簠在“十供”的花梨几面上前排左二，名“周宝簠乙”。

全形拓夔龙纹簠。

冯云鹏解读其铭文为“宝自作簋其子子孙孙永宝用”，“是铭作字下尚有泐文一字，殆不可考”。袁克文为其定名曰“周赛簋”：“铭曰‘赛作口簋，其子子孙孙永宝用’，原‘赛’误释为‘宝自’二字。”清乾隆时配

夔龙纹簋，方形，口外侈折沿，兽首形双耳，腹斜收，下有四矩形短足，口沿下饰一周乳丁云雷纹，器腹饰顾首夔龙纹。

紫檀木座，刻“乾隆御赏”四字，座底刻“周宝簠”三字，座高二寸，长径八寸，阔六寸一分。

新中国成立后，经考古专家多次鉴定，宝簠被最终确定为“夔龙纹簠”。

夔龙纹簠器内底铸有三行铭文，共十一字，文曰“□自作□簠，其子孙永宝用”。

清乾隆时配夔龙纹篚紫檀木座，座面刻款“乾隆御赏”。

清乾隆时配夔龙纹篚紫檀木座，座面刻款“乾隆御赏”。

清乾隆时配夔龙纹簠紫檀木座，座底刻款“周宝簠”。

清乾隆时配夔龙纹簠紫檀木座，座底刻款“周宝簠”。

清乾隆时配夔龙纹簠紫檀木座，座高二寸，长径八寸，阔六寸一分。

## 知识拓展

夔纹是中国独有的一种野兽形纹样，常见于青铜器、陶器、漆器及玉器上。夔纹展示的是夔的纹饰。《说文解字》记载，夔犹如一条仅有一条腿的龙。作为器具纹饰时，夔纹多为平面图，夔的头部向左或向右，有一条腿、一只角、一个张开的口和一条卷起来的尾巴。商朝的夔多为单独纹样，周代的夔则多为二方连续纹样。夔纹在青铜时代最为普遍，常出现在商朝的器具上。西周早期利簋的圈足、周厉王年间散氏盘的盘腹都饰有夔纹。及至汉代，陶器上仍时见夔纹纹饰。

簠又称薑（gǔ），是周代特有的青铜盛食器兼礼器，用来盛放稻、粱、黍、稷等谷物饭食，一般以青铜铸成。全器作长方形腹，边斜出而平坦，有方折形口沿，平底，器身呈覆斗状，横截面为长方形，大口；四拐角短足，通常为带缺口的矩形圈足；短边上通常有环耳或半环耳；有盖，盖子和主器通常大小形状均相同、对称，可以扣合，可以仰

春秋铜簠，山东临沂凤凰岭东周墓出土。

置。腹壁有两种形制，一种斜直，一种内折下收。

已知年代最早的簠出现在西周早期的王畿附近（今陕西宝鸡一带），由青铜簋尤其是方座簋派生而来，也是西周文化重食（相对不重酒）的产物。西周中期，簋仍占据盛谷食器的主流，又出现了新兴的盨，再加上周穆王修典，簠的发展空间受到挤压。直到春秋晚期至战国早期，青铜簠才迎来大发展。早期口多外侈，足较短，春秋以后足渐渐变高，口不外侈，腹渐深。随着青铜敦、青铜盉（hé）的兴起，以及青铜方盖豆地位的提升，青铜簠开始衰落，在战国晚期消失，秦统一六国后最终消亡。

春秋兽纹簠，山东肥城小王庄遗址出土。

# 八、夔凤纹豆

夔凤纹豆，也叫夔凤豆，为东周器物，口径16厘米，足径12.3厘米，通高25厘米。青铜质，圆体，有盖，盖作覆碗状，子母口，上有捉手，深腹微鼓，收腰，双环耳，喇叭形圆圈足。盖饰三角卷云纹及凤鸟纹，腹部饰凤鸟纹和鸱鸮纹，圈足饰变形动物纹饰及夔纹。通体错金银，大部分已脱落。清乾隆时配紫檀木座。

夔凤纹豆，清乾隆时配紫檀木座。

夔凤纹豆在“十供”的花梨几面上前排最左，名“周夔凤豆甲”。

全形拓夔凤纹豆。

《曲阜县志》“十供图说”将错金银夔凤纹铜豆称为“夔凤豆”：“周夔凤豆辛：右周夔凤豆通盖高七寸八分，深三寸，口径五寸二分，腹围一尺八寸四分，重一百一十一两，金银错。按，《尔雅》：木豆谓之豆，然《明堂位》有楬豆、玉豆、献豆。《考工记》：旊人瓦豆，则知豆不专以木。《博古图》载铜豆四器，以证昔人于彝器未始不用铜，而礼家仍泥木为豆，其亦未尝目睹而沿袭旧说耳。”

陈设“十供”的花梨几面上，夔凤豆在前排最左，名“周夔凤豆甲”。清乾隆时配紫檀木座，座高二寸，六角径六寸。袁克文为其定名曰“周夔文豆”。

新中国成立后，经考古专家多次鉴定，其名被确定为“夔凤纹豆”。

夔凤纹豆盖作覆碗状，子母口，上有捉手。

夔凤纹豆盖饰三角卷云纹及凤鸟纹，通体错金银。

夔凤纹豆腹部饰凤鸟纹和鸱鸮纹，通体错金银。

夔凤纹豆腹部饰鸱鸮纹，通体错金银。

夔凤纹豆圈足饰变形动物纹饰及夔纹。

清乾隆时配夔凤纹豆紫檀木座。

清乾隆时配夔凤纹豆紫檀木座。

清乾隆时配夔凤纹豆紫檀木座，座面刻款“乾隆御赏”。

清乾隆时配夔凤纹豆紫檀木座，座底刻款“周夔凤豆”。

## 知识拓展

夔凤是以传说中的凤凰为幻想，以雉鸡、孔雀等为雏形，臆想出来的神鸟。几何图案化的夔凤一般有细长的“臣”字眼，头上有冠，鹰嘴，有变形化的双翼及身躯和长长的尾翼，偶见一腿、爪。作为古代青铜器纹饰之一，夔凤纹盛行于战国时期。

豆是古代的盛食器和礼器，用木、竹、陶或青铜制成。《说文解字》解释道：“木豆谓之梪。”《尔雅》里说：“竹豆谓之笾（biān），瓦豆谓之登。”“瓦豆”就是陶豆。豆的全器由盘、柄和圈足三部分组成。形似高足盘，上部圆盘形，有柄，圈足。大汶口遗址已有陶豆出土，开始时用来盛放黍、稷（jì）等谷物，后用于盛放腌菜、肉酱等调味品。

大汶口遗址出土的八角星纹彩陶豆，其口径为26厘米，足径为14.5厘米，通高28.4厘米，是一件典型的大汶口文化彩陶器，现藏于山东博物馆。八角星纹样在大汶口文化时期的彩陶器中较为多见。

铜豆出现于商代。西周时，多浅盘，柄短而粗，没有耳、盖。春秋以后，形状多样化，柄、足加高，盘加深，有的器物有盖而柄细长。还出现有方形豆，有些器物有附耳、环耳等各种形状。鲁国故城遗址出土有东周时期不同材质、器型的豆，如东周雷纹四牲盖铜豆、春秋灰陶豆和春秋带盖灰陶豆等。

大汶口文化时期八角星纹彩陶豆，山东泰安大汶口遗址出土。

战国错铜丝镶嵌绿松石青铜盖豆，山东长清归德镇战国墓出土。

战国铜方豆，山东临淄辛店2号战国墓出土。

《史记·孔子世家》记载：“孔子为儿嬉戏，常陈俎豆，设礼容。”孔子幼年时已经表现出对礼的兴趣，游戏玩耍时就经常模仿祭祀的礼节，用俎、豆等礼器演示祭祀的过程。俎和豆都是古代祭祀时的礼器。这一故事在《孔子圣迹图》中有所表现，多版《孔子圣迹图》中都有“俎豆礼容”的图幅。

东周雷纹四牲盖铜豆，山东曲阜鲁国故城遗址出土。

春秋带盖灰陶豆，山东曲阜鲁国故城遗址出土。

孔府珍藏明彩绘《孔子圣迹图》之“俎豆礼容”。

# 九、饕餮纹甗

饕餮纹甗，原称饕餮甗，为周代器物，口径27厘米，通高39厘米。青铜质，上甑下鬲，连铸。甑为侈口，双立耳，腹直深，底有十字形箅孔。鬲分裆，上部母口，圆形柱足三。甑口沿下饰一周乳丁云雷纹，腹部素面。鬲腹饰三个浮雕饕餮纹。清乾隆时配镂空玉钮紫檀木盖和紫檀木座。

饕餮纹甗，清乾隆时配玉钮紫檀木盖和紫檀木座。

《曲阜县志》“十供图说”将饕餮纹双立耳铜甗称为“饕餮甗”：“周饕餮甗壬：右周饕餮甗高一尺三分，深自口至鬲五寸一分，自鬲至底三寸四分，耳高二寸，阔一寸九分，口径八寸三分，腹围一尺九寸二分，重一百四十四两。兹器与《博古图》周雷纹饕餮甗形制相似。按，图说云周礼陶人为甗，而此悉以铜为之。考关以东谓之甗，至梁乃谓之鉹，鉹从金，则甗未必为陶器。又考郑注以甗为无底甑，宋人以文从献，其气甗能受焉。盖甑无底者，所以言其上，鬲献气者，所以言其下也，以兹器验之益信。”

陈设“十供”的花梨几面上，饕餮甗在后排最右，名“周饕餮甗己”。清乾隆时配紫檀木座，座高一寸六分，圆径七寸八分。

新中国成立后，经考古专家多次鉴定，其名被最终确定为“饕餮纹甗”。

饕餮纹甗在“十供”的花梨几面上后排最右，名“周饕餮甗己”。

全形拓饕餮纹甗。

饕餮纹甗上甑为侈口，双立耳，腹直深，底有十字形箅孔。

饕餮纹甗下鬲分裆，上部母口，圆形柱足三。

饕餮纹甗上甑口沿下饰一周乳丁云雷纹，腹部素面。

饕餮纹甗紫檀木盖上的镂空玉钮（正面）。

饕餮纹甗紫檀木盖上的镂空玉钮（背面）。

清乾隆时配饕餮纹甗镂空玉钮紫檀木盖。

清乾隆时配饕餮纹甗紫檀木座，高一寸六分，圆径七寸八分。

清乾隆时配饕餮纹甗紫檀木座，高一寸六分，圆径七寸八分。

饕餮纹甗紫檀木盖内刻款“乾隆御赏”。

饕餮纹甗紫檀木盖内刻款“乾隆御赏”。

饕餮纹甗紫檀木座底刻款“周饕餮甗”。

## 知识拓展

甗是古代炊器，用陶或青铜制成。全器分上、下两个部分，上部罐形器为甑，下部为鬲。甑底有箅，部分甗出土时未带有箅和盖，可能为竹、木等其他材质，也可能埋藏前已经遗失。

早在新石器时代就有陶甗，黄河流域新石器时代晚期至商周时期流行。甗在器形上可分为分体甗、联体甗，分体甗由上面的甑和下面的鬲构成，联体甗分明显的上、下两部分，上面与甑相似，下面与鬲相似。考古发现的青铜甗以联体的居多。陶甗多为灰陶和黑灰陶质，器身有绳纹，有的口沿下有鸡冠状附加堆纹。

青铜甗的流行时间较长，从商代早期绵延至战国晚期，初期数量较少，商代晚期开始增多。甗在其自身的铭文中多为“献”或“鬳”。出土的商甗多不见箅，西周以后的多有铜箅（bì）。

甲骨文“甗”卜甲。

龙山文化时期大陶甗，山东临淄桐林遗址出土。

曲阜鲁国故城乙组墓48号墓出土的西周“鲁仲齐”波曲纹铜甗，由甑和鬲两部分组成：甑，圆形，侈口束颈，折肩附耳，敛腹平底，底部有九个十字形箅孔，下有榫圈套入鬲口；鬲，圆形，附耳，敛口束颈，鼓腹，圜底，下承三蹄足。甑颈部饰重环纹，腹饰垂鳞纹，鬲素面。甑腹内壁铸有四行铭文，共十八字，文曰：“鲁仲齐作旅甗，其万年眉寿，子子孙孙永宝用。”

西周末年及春秋初期，甗多与鼎、簋、豆、壶、盘、匜等器物组合，随葬于墓中。

西周“鲁仲齐”三足铜鼎，山东曲阜鲁国故城遗址出土。

西周“鲁仲齐”铜盨，山东曲阜鲁国故城遗址出土。

西周“鲁仲齐”铜匜，山东曲阜鲁国故城遗址出土。

西周“鲁仲齐”铜甗，山东曲阜鲁国故城遗址出土。

西周侯母壶，山东曲阜鲁国故城遗址出土。

# 十、四足方鼎

四足方鼎，原称四足鬲，又称方鼎，为周代器物，通长26.5厘米，通宽21厘米，通高24.5厘米，口长径21.5厘米、短径16.5厘米，重5.6千克。青铜质，长方形，平折沿，双立耳，腹微鼓，下有四蹄形足。器腹一周饰有八个凸起的矩形图案，器底有四条内凹弧线相交而成的长方形合范铸印迹。清乾隆时配镂空玉钮紫檀木盖和紫檀木座。

四足方鼎，清乾隆时配镂空玉钮紫檀木盖和紫檀木座。

《曲阜县志》“十供图说”将双立耳方形四足铜鬲称为“四足鬲”：“周四足鬲癸：右周四足鬲高六寸六分，深四寸六分，口纵五寸二分，横六寸六分，腹围二尺五寸二分，重一百五十五两，两耳四足。按，《尔雅》，鼎款足者谓之鬲，《索隐》曰款空也，《博古图》言其用与鼎同，祀天地鬼神，礼宾客必以鼎，常饪则以鬲。其制自腹所容通于足，取爨（cuàn）火易达，故常饪用之。又考《周礼》，鬲为陶人所司，然与鼎同，用则不专为陶器。《汉书·郊祀志》，禹收九牧之金铸鼎，其空足曰鬲可证也。”

陈设“十供”的花梨几面上，四足鬲在后排居中，名“周四足鬲辛”。清乾隆时配紫檀木座，座底刻款“周四足鬲”，座高一寸九分，长八寸□分，阔六寸七分。

新中国成立后，经考古专家多次鉴定，四足鬲改称为方鼎，其名被最终确定为“四足方鼎”。

四足方鼎在“十供”的花梨几面上后排居中，名“周四足鬲辛”。

全形拓四足方鼎。

四足方鼎，长方形，平折沿，双立耳，腹微鼓，下有四蹄形足。器腹一周饰有八个凸起的矩形图案，器底有四条内凹弧线相交而成的长方形合范铸印迹。

清乾隆时配四足方鼎镂空玉钮紫檀木盖和紫檀木座。

四足方鼎紫檀木盖上的镂空玉钮（正面）。

四足方鼎紫檀木盖上的镂空玉钮（背面）。

四足方鼎紫檀木座底刻款“周四足鬲”，盖内刻款“乾隆御赏”。

清乾隆时配四足方鼎紫檀木座，高一寸九分，长八寸，阔六寸七分。

## 知识拓展

鬲是古代一种炊器，用于烧煮加热、蒸煮食物，其形状一般为侈口，最突出的特征是三个肥大形似布袋的足。

新石器时代晚期已出现陶鬲，作为陶器类型的出现来说，鬲不是最早的。鬲的形体要比盆、罐之类复杂，因而出现得相对较晚。鬲大约起源于彩陶之后，距今四千多年。

青铜鬲流行于商代至春秋时期。商周时期陶鬲与青铜鬲并存，陶鬲还十分盛行，其形状多为侈口、圆腹、三个袋状足（足中空），便于炊煮加热。有的颈部有双耳，使用时，在三个袋状足下直接燃火煮食。

岳石文化时期陶鬲，山东泗水天齐庙遗址出土。

春秋铜鬲，山东黄县（今龙口）归城小刘庄遗址出土。

西周中后期，鬲盛行，常成组随葬，且一组铜鬲的大小、形制、铭文大体相同。春秋战国时期，铜鬲常以偶数组合（二、四器）与列鼎（五器）一同随葬。战国晚期以后，铜鬲逐渐消失。西周时期还有方鬲。鬲有实用器与明器之分。实用器多为夹砂陶，胎质坚硬，器壁较厚；明器则多为泥质陶，火候较低，胎质疏松，表面打磨得很光滑，有的还用红、白两种颜色绘出各种纹饰。一般来说，腿长裆深的陶鬲年代都早，可以直接支在地上，便于填柴引火。至战国晚期，随着灶台的广泛使用，陶鬲的腿的功能逐渐淡化，遂成为釜，鬲于是被釜所取代。

商“眉”鬲，山东滕县（今滕州）姜屯镇种寨村遗址出土。

清雍正皇帝御制铜祭器，雍正十年（1732）颁赐给曲阜孔庙用于祭祀孔子。

大清雍正庚戌年造
大清雍正庚戌年造

商周十備